Portfolio Parkinson:
Enfermedad y Dolencia

Autores: Lidia Castillo Mariqueo

Lydia Giménez Llort

Agrupación de personas con
Enfermedad de Parkinson,
Temuco – Chile.

11 de abril, 2018
Día Mundial del Parkinson

Bellaterra y Temuco, 11 de abril de 2018
Día Mundial del Parkinson

ISBN: 978-0-244-08008-2

www.saberenvejecer.es
www.parkinsontemuco.cl

Edita Asociación Envellir bé – Saber Envejecer

Contenidos

Hace 201 años, en *An Essay on the shaking palse* (1817) el neurólogo británico **James** Parkinson describía por primera vez temblores, lentitud del movimiento y rigidez en seis individuos que refirió como parálisis agitante. Serían los síntomas de la enfermedad que llevaría luego su nombre. Hoy, un 11 de abril, la fecha de su nacimiento, desde Envellir bé, una asignatura de la Universitat Autònoma de Barcelona que desde hace 16 años enseña a los alumnos a Saber envejecer, nos unimos a la celebración del Día Mundial del Parkinson en su honor. Y lo hacemos de una forma sencilla pero emotiva, elaborando nuestro primer portfolio que recopila, por un lado, el material docente de la cápsula formativa elaborada para acercar a nuestros noveles estudiantes de segundo del grado de medicina a la enfermedad. Y en su segunda parte, rendimos homenaje al hombre, que no se limitó a describir síntomas, sino que se esmeró en mejorar la salud y el bienestar de la población, desde su profesión médica y desde la política. Porque en realidad, así lo promulgó la propia OMS al definir la salud como '*un estado de completo bienestar físico, bienestar mental y social y no solamente la ausencia de afecciones o enfermedades*'. Y a pesar de que esta definición no se ha modificado desde 1948, son pocas las experiencias docentes que abordan el concepto de la salud desde los dos contrapuntos de su dual naturaleza, como enfermedad (*disease*) y como dolencia (*illness*). Y es por ello que hemos querido que sea la Agrupación de personas con Parkinson de Temuco, Chile, la que con sus narraciones nos acerque a la dolencia, esas vivencias en primera persona de las que habla la Psicología Médica que desvelan la dimensión psicológica y social de la enfermedad. Porque como dice la Fundación Española del Parkinson "*Lo que más duele del Parkinson es como me miras*" y gracias a sus palabras podemos aprender a mirar de otra manera.

Lydia Giménez-Llort, PhD - UAB y Asociación Saber Envejecer

Conocí la enfermedad de Parkinson a través de una práctica voluntaria mientras estudiaba mi carrera (Kinesiología). Hasta entonces, sólo conocía lo que los libros y profesores me habían enseñado. Recordaba muy bien que se caracteriza por temblor y lentitud de los movimientos, y que con el paso de los años los síntomas se tornan más severos. Cuando me enfrente al grupo de 5 personas con la enfermedad, no sabía cómo ayudar, qué tareas hacer o cómo acercarme a esas personas, sólo estaba en el segundo año de la carrera y aún no había cursado asignaturas de rehabilitación. Consulté a la docente encargada qué hacer, ella me sonrió y dijo: "vamos a bailar cueca para el 18 de septiembre y necesito que me ayudes a enseñarles" ...mi pensamiento fue ¿no me enseñará cómo hacer terapia? En esa sesión y las siguientes del mes de agosto, bailamos en círculos al ritmo de la música y nos coordinamos para saber que donaciones traer para la convivencia de Fiestas Patrias, éramos 12 personas en total. Siempre fuimos más voluntarios que pacientes y ese "18" bailamos y compartimos todos juntos sin distinguir quien era el terapeuta y quién el paciente. En ese mes, conocí el rostro de la enfermedad reflejado en cada una de las personas y sus ganas por seguir adelante, de disfrutar... esa era la terapia que realizaba aquél grupo. Desde ahí en adelante seguí con mi voluntariado, seguimos bailando, me atreví a cantar y también a jugar las mímicas que nos hacía realizar la profesora, porque toda la terapia era una vivencia recreacional... y por supuesto aprendí a realizar terapia que hasta no hace mucho tiempo realizaba en ese hermoso grupo que vi crecer y volverse lo que es hoy, una agrupación alegre y llena de ganas por seguir adelante.

El 18 de septiembre se celebra el establecimiento de la Primera Junta Nacional de Gobierno para lograr la Independencia del país

MSc. Klga. Lidia Castillo Mariqueo

Enfermedad de Parkinson

La enfermedad de Parkinson es un trastorno neurodegenerativo, progresivo y multisistémico que constituye la 2da enfermedad neurodegenerativa más frecuente después de la demencia tipo Alzheimer. Aumenta su incidencia y prevalencia con el envejecimiento y posee una distribución universal, afectando por igual tanto a hombres como mujeres (Sveinbjornsdottir S. 2016). Fue descrita por primera vez por el médico inglés James Parkinson en el año 1817, en su trabajo titulado "Un ensayo sobre la parálisis agitante". En éste ensayo se describió la enfermedad como: "presencia de un movimiento trémulo involuntario, con la fuerza muscular disminuida, en las partes que no están en la acción, e incluso aun siendo sostenidas, con una propensión a doblar el tronco hacia delante" (Tagle P. 2005).

La enfermedad se origina por la pérdida progresiva de neuronas dopaminérgicas de la sustancia negra pars compacta del mesencéfalo, así como la presencia de inclusiones intracelulares llamadas cuerpos de Lewy, que están formados por agregados insolubles de proteína alfa-sinucleina anormalmente plegada. (Martínez-Fernández et. al. 2016; Janovic J. 2018). Actualmente, se conoce que la enfermedad afecta al sistema nervioso en las áreas encargadas de la coordinación, tono muscular y los movimientos. Se caracteriza por un cuadro clínico de signos y síntomas motores y no motores. Entre las manifestaciones motoras encontramos el temblor en reposo, rigidez, lentitud para iniciar los movimientos (Bradicinesia), inestabilidad postural, alteraciones en la locomoción y el desplazamiento. Entre las no motoras existe una gran variedad, desde trastornos neuropsiquiátricos como: depresión, ansiedad, apatía, alucinaciones y delirios, así como disfunción autonómica, trastornos del sueño y síntomas gastrointestinales (Martínez-Fernández et. al. 2016; Janovic J. 2018).

El control de la enfermedad depende en gran medida de la terapia farmacológica y de la terapia de rehabilitación física y psicológica, no posee cura o tratamiento definitivo, por lo que los objetivos de rehabilitación apuntan a mejorar la calidad de vida y el bienestar, aumentar la funcionalidad y mantener la independencia y la autonomía de quien padece la enfermedad.

Hoy reconocemos como icono y símbolo del Parkinson al tulipán rojo. Representa una imagen de esperanza, que nace a partir de un hermoso tulipán rojo y blanco, creado por un horticultor holandés que tenía la enfermedad y quien nombró a la flor como James Parkinson para honrar la memoria del hombre que describió por primera vez su estado de salud y que mantiene la fe de que cada año florezca en primavera a la espera de una solución para su enfermedad.

Desde el año 1995 las Asociaciones de enfermos cuentan con el tulipán como símbolo de la enfermedad de Parkinson y en el año 1997 la Organización Mundial de la Salud estableció el 11 de abril como el Día Mundial del Párkinson, con el propósito concientizar a la sociedad de la importancia de esta enfermedad.

Referencias

- Jankovic J. (2008). Parkinson's disease: clinical features and diagnosis. J Neurol Neurosurg Psychiatry; 79:368–376.
- Martínez-Fernández M. Gasca-Salas C. Sánchez-Ferro A. Obeso J. (2016). Actualización en la Enfermedad de Parkinson. Rev. Med. Clin Condes; 27(3) 363-379.
- Tagle Pedro (2005) Historia de la Enfermedad de Parkinson. Publicaciones de Medicina, Pontificia Universidad Católica de Chile.
  http://publicacionesmedicina.uc.cl/cuadernos/2005/HistoriaParkinson.pdf
- Swinbjorndottier S. (2016). The clinical symtoms of Parkinson's disease. J. Neurochem 139 (Suppl. 1), 318–324.

16° Edición Envellir bé

Workshop

Patrones de marcha, postura y equilibrio

en personas con
Enfermedad de Parkinson

Lidia Castillo Mariqueo

11 de abril, Día Mundial del Parkinson

ISBN 978-0-244-08008-2

Enfermedad de Parkinson

Trastorno neurológico descrito en 1817 por el médico inglés

James Parkinson (1755-1824).

CC0 Public Domain

Condición consistente en
"movimientos temblorosos involuntarios,
con **disminución de la potencia muscular** en
la **movilidad pasiva y activa,** con propensión
a *encorvar el tronco hacia adelante* y
pasar de caminar a correr;
*los sentidos y el intelecto no sufren mayor
daño"*.

Dr. Patricio Tagle, Historia de la enfermedad de Parkinson. Pontifica Universidad Católica Chile.

Epidemiología

La **Enfermedad de Parkinson** es una
enfermedad **neurodegenerativa
progresiva multisistémica.**
Constituye la 2da enfermedad
neurodegenerativa más frecuente por
detrás de la demencia tipo Alzheimer.
Posee una distribución universal.

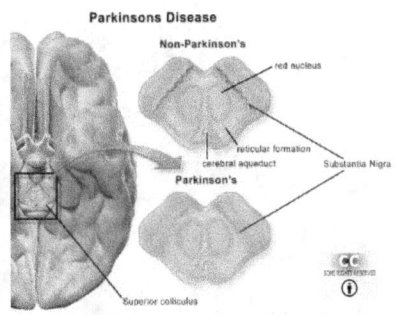

Blausen.com staff (2014). "Medical gallery of Blausen Medical 2014

Edad media de inicio: 55 años

Constituye como una de las principales causas de discapacidad **en la
población geriátrica.**

Aumenta su prevalencia considerablemente con el envejecimiento,
llegando a cerca de un **20%** a los **90** años.

(Pringsheim et al., 2014)

Fisiopatología

Se caracteriza por la **pérdida progresiva de neuronas dopaminérgicas** de la sustancia negra pars compacta del mesencéfalo, afectando la vía dorso lateral de los ganglios basales.

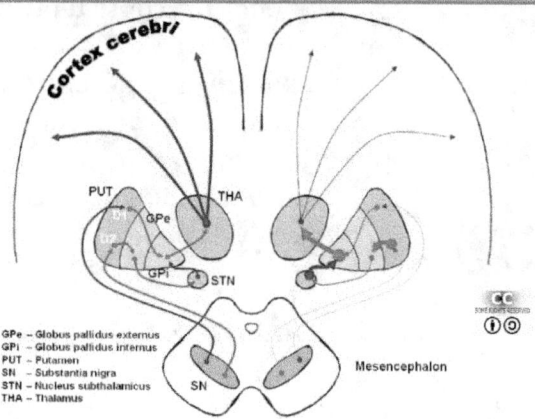

GPe – Globus pallidus externus
GPi – Globus pallidus internus
PUT – Putamen
SN – Substantia nigra
STN – Nucleus subthalamicus
THA – Thalamus

Signos y Síntomas

Síntomas "motores" y "no motores"

1. Temblor

2. Bradicinesia

3. Rigidez

4. Inestabilidad Postural

- Cambios en la escritura (micrografía)
- Disminución en la expresión facial
- Reducción en el volumen de la voz o ronquera
- Disfagia

- **Síntomas neuropsiquiátricos**
  Depresión, ansiedad, apatía, alucinaciones y delirios. Deterioro cognitivo leve y demencia.
- **Trastornos del sueño**
- **Síntomas sensitivos**
  Dolor, trastornos visual, hiposmia.
- **Fatiga**
- **Disfunción autonómica**
  Urgencia y frecuencia miccional, disfunción sexual, hiperhidrosis e hipotensión ortostática.
- **Síntomas gastrointestinales**
  Sialorrea, estreñimiento.

Poewe W. (2008)
Sveinbjornsdottir S.(2016)
Martínez-Fernández et. al. (2016)
Janovic J. (2018)

Temblor

Temblor no está siempre presente, es más **evidente en reposo** y disminuye al realizar un movimiento. **Desaparece** cuando la persona **duerme** y **se reduce cuando está muy relajada**; sin embargo, empeora en estados de tensión o ansiedad.

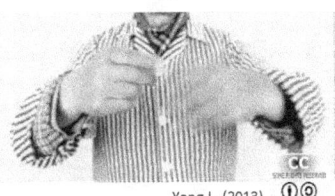

Yang L. (2013)

- Generalmente el temblor ocurre en un lado del cuerpo y progresa a ambos lados.
- La extensión y la severidad del temblor varían de una persona a otra.

Martínez-Fernández et. al. (2016)

Discinesias: son movimientos involuntarios.

Acinesia: ausencia o pobreza de movimientos espontáneos como parpadear o deglutir saliva.

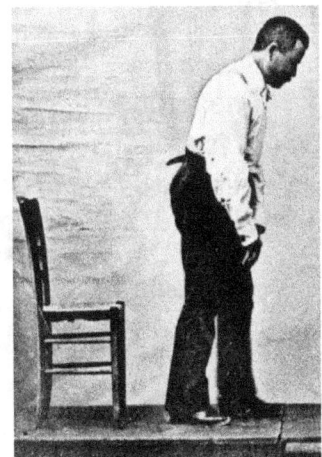

Bradicinesia

- **Lentitud para iniciar** y **ejecutar un movimiento.**
- **Desaceleración o pérdida** de los movimientos espontáneos y voluntarios.

"Los movimientos que están asociados a estímulos externos se encuentran menos afectados que los realizados espontáneamente".

Martínez-Fernández et. al. (2016)

Rigidez

Consiste en una resistencia o falta de flexibilidad para mover pasivamente las extremidades.

Inestabilidad postural: problemas al estar de pie o al caminar, con disminución del equilibrio y la coordinación.

Trastornos de la postura:
- Tendencia a la postura en flexión.
- Cuando la persona está sentada tiende a inclinarse hacia un lado y no puede corregir la postura sin ayuda.

CC0 Public Domain

Martínez-Fernández et. al. (2016)

Enfermedad de Parkinson
Patrones de marcha, postura y equilibrio

Postura corporal (bipedestación)

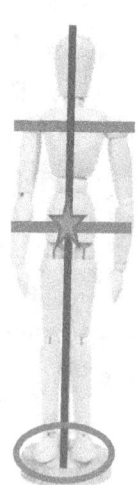

Base de sustentación y área de poyo

Línea de gravedad

Centro de gravedad

Alineación y posición de los segmentos corporales

Control postural

Control Postural dinámico

CC0 Public Domain

12

Control del equilibrio

Reactividad postural
- Estrategias posturales
- Adaptaciones posturales

Postura tranquila
- Ajustes posturales
- Oscilaciones
- Limites de estabilidad

Ajustes posturales anticipatorios

Control Postural dinámico:
- Velocidad de la marcha
- Variabilidad de la marcha

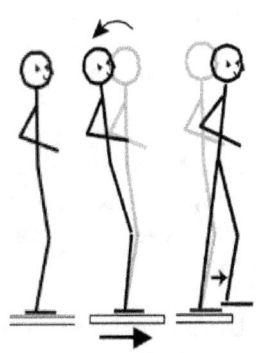

Schoneburg B. et. al (2013)

Marcha

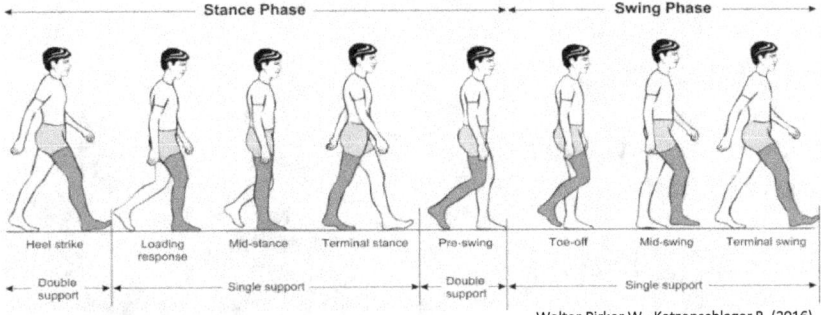

Stance Phase | Swing Phase

Heel strike | Loading response | Mid-stance | Terminal stance | Pre-swing | Toe-off | Mid-swing | Terminal swing

Double support | Single support | Double support | Single support

Walter Pirker W.· Katzenschlager R. (2016)

Valoración funcional de la marcha:
- Base de sustentación.
- Movimientos segmentarios de los MMII.
- Fase de apoyo y fase de balanceo.
- Estabilidad pélvica.
- Patrón de marcha.
- Movimientos simétricos.
- Estabilidad.
- Control visual.
- Giros.

*Independiente, asistida, uso de ayuda técnica.

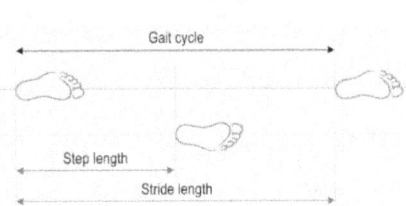

Gait cycle

Step width

Step length

Stride length

Marcha

- **Longitud del paso:** depende de la estatura y se acerca a 40 cm.

- **Altura del paso:** el movimiento de las extremidades inferiores otorga una altura de 5 centímetros al paso, evitando el arrastre de los pies.

- **Amplitud de base:** la distancia entre ambos pies es la base de sustentación y equivale a 5 a 10 centímetros.

- **Cadencia o ritmo del paso:** se relaciona con la longitud del paso y la altura del individuo. Los sujetos altos dan pasos a una cadencia más lenta, en cambio los más pequeños dan pasos más rápidos. Puede ir entre 90 a 120 pasos/min.

- **Movimiento articular:** Los movimientos articulares de tobillo rodilla y cadera, en cada una de las fases de la marcha.

- **Velocidad:** se aproxima a 1 metro por segundo; sin embargo, puede variar en un rango entre 3 y 4 Km/hr dependiendo del largo de las extremidades inferiores y la resistencia aeróbica del individuo. Cerda I. (2014)

Caso clínico

Observación clínica de signos motores:

- Temblor **bilateral** de MMSS y cabeza
- Bradicinesia
- Rigidez
- Inestabilidad postural
- **Discinesias**
- **Freezing**
- **Festinación**

*Estadio 4 escala Yohan y Yahr

Vista Anterior | *Vista Posterior*

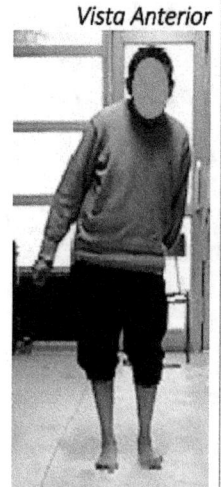
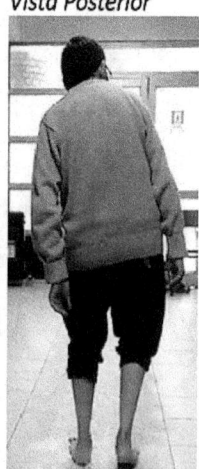

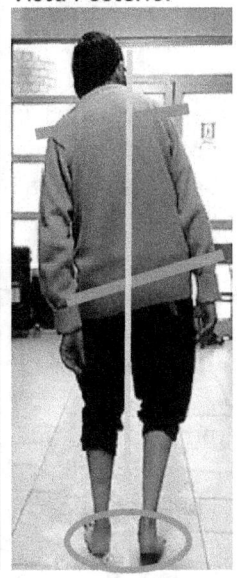

Vista Anterior | *Vista Posterior*

Observación de la postura en bipedestación y control del equilibrio:

- Alteración postural

- Alteración del equilibrio estático y dinámico
  - **Get time up and go: 59 segundos**
  - **Tándem: 0pts.**

Observación de las fases de la marcha:

- **Longitud del paso: 21 cm**
- **Zancada:** 52 cm
- **Cadencia:** 55 pasos por minutos
- **Velocidad:** 1,1 m/s

* Disminución de la fuerza muscular de MMII: tibial anterior, glúteo máximo y medio.

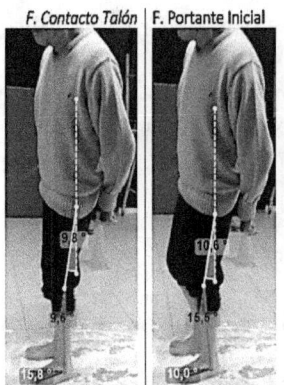

F. Contacto Talón | F. Portante Inicial | F. Portante Final | F.Despegue de Dedos

Resumen

1. La enfermedad de Parkinson es una enfermedad **neurodegenerativa progresiva multisistémica.** Es la segunda enfermedad neurodegenerativa más común a nivel mundial.

2. Se caracteriza por la **pérdida progresiva de neuronas dopaminérgicas** de la sustancia negra pars compacta del mesencéfalo, así como la presencia de inclusiones intracelulares llamadas cuerpos de Lewy.

3. **Signos y síntomas motores y no motores.** Signos motores: Temblor – Bradicinesia - Rigidez - Inestabilidad postural

4. Los trastornos más frecuentes que pueden aparecer durante la marcha son:
   - Inicio dubitativo: dificultad para levantar el pie y empezar a andar.
   - Disminución o pérdida del balanceo de los brazos.
   - Marcha lenta arrastrando los pies.
   - Disminución de la zancada y longitud del paso.
   - Festinación: el paciente empieza a caminar cada vez más rápido, con los pasos cada vez más cortos, inclinándose hacia adelante.
   - Dificultad para girar mientras se camina.
   - Episodios de bloqueo (freezing).
   - Disminución de la base de sustentación y apoyo.

5. Alteración de la postura (asimetría) y del equilibrio estático y dinámico a medida que progresa la enfermedad.

Referencias

- Blasusen staff (2014). "Medical gallery of Blausen Medical 2014. www.Blausen.com
- Jankovic J. (2008). Parkinson's disease: clinical features and diagnosis. J Neurol Neurosurg Psychiatry;79:368–376.
- Martínez-Fernández M. Gasca-Salas C. Sánchez-Ferro A. Obeso J. (2016). Actualización en la Enfermedad de Parkinson. Rev. Med. Clin Condes; 27(3) 363-379.
- Poewe W. (2008). Non-motor symptoms in Parkinson's disease. European Journal of Neurology, 15 (Suppl. 1): 14–20
- Pirker W. Katzenschlager R. (2017). Gait disorders in adults and the elderly. Wien Klin Wochenschr; 129:81–95
- Schoneburg B. Mancini M. Horak F. Nutt J. (2013). Framework for Understanding Balance Dysfunction in Parkinson's Disease. Mov Disord; 28(11): 1474–1482.
- Swinbjorndottier S. (2016). The clinical symtoms of Parkinson's disease. J. Neurochem 139 (Suppl. 1), 318–324.

Agrupación de personas con enfermedad de Parkinson, familiares y amigos

Marta Esparza García y
Lidia Castillo Mariqueo

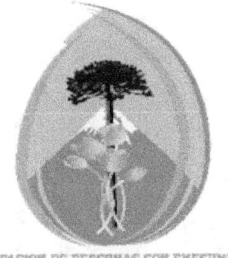

AGRUPACIÓN DE PERSONAS CON ENFERMEDAD
DE PARKINSON FAMILIARES Y AMIGOS

La agrupación de personas con enfermedad de Parkinson, familiares y amigos de la ciudad de Temuco – Chile, es una agrupación autónoma que busca implementar estrategias de apoyo en áreas tanto de salud, social y recreacional para las personas con Enfermedad de Parkinson y sus familiares, a través de medidas de cuidado y autocuidado, actividades de participación comunitarias, desarrollo personal, rehabilitación funcional integral, articulación con redes de apoyo y conocimiento de sus derechos ciudadanos y garantías en Salud.

Su misión es: "Ser un grupo autónomo y cohesionado, que otorga atención gratuita relacionada con la promoción, prevención y rehabilitación integral de las diferentes dificultades que pudiesen presentar las personas con Enfermedad de Parkinson de la comunidad. Además de ser un espacio acogedor para la convivencia, la cooperación y el apoyo entre los distintos participantes de la agrupación".

Su Visión es: "Ser una agrupación consagrada y reconocida a nivel comunal, regional y nacional, con amplias cómodas instalaciones, movilización propia y acompañada de un equipo multidisciplinario, tanto profesionales como no profesionales, que otorguen asesoría y atención tanto a las personas con Enfermedad de Parkinson, a sus familiares y a la comunidad en general".

17

Inicio de la agrupación

Desde inicios del año 2001 y bajo el alero de Universidad de la Frontera en la ciudad de Temuco – Chile, por 12 años, un número de seis personas con enfermedad de Parkinson se reunían para ser asesorados por profesionales y estudiantes de Kinesiología de dicha Universidad, bajo la coordinación de la Kinesióloga Sra. Patricia Cifuentes.

Con el tiempo, y en apoyo de la Kinesióloga Cecilia Sabelle y más tarde de la Kinesióloga Lidia Castillo, nace la inquietud de crecer con alas propias y ser un grupo independiente, ya que el número de integrantes y voluntarios comienza a aumentar. Además, surge la idea de brindar un servicio a la comunidad, a partir de las experiencias del propio grupo y en asesoría de profesionales y voluntarios. Motivados por el fin común, comenzamos a reunir un número determinado de usuarios y familiares, para dar vida a una Agrupación con personalidad jurídica, y de ésta manera buscar soluciones a un problema común, hacer conciencia ciudadana, dar a conocer la enfermedad de Parkinson y en conjunto contribuir con un modelo integral de salud que aborda esta enfermedad y que busque prolongar la autonomía, funcionalidad y socialización, "resistiendo erguidos".

Con esfuerzo y apoyo de los profesionales Srta. Lidia Castillo, Kinesióloga, Sr. Exequiel Guevara, Fonoaudiólogo y Srta. Silvana Cueva, Psicóloga, más un equipo de 5 voluntarios estudiantes de Kinesiología, 2 de fonoaudiología, 2 de terapia ocupacional y una estudiante de la carrera de nutrición y dietética de la Universidad de La Frontera, se constituye la institución denominada: "Agrupación de personas de con enfermedad de Parkinson, familiares y amigos" fundada el 22 de abril del año 2013, con personalidad jurídica #5379.

En junio del año 2013, nos trasladamos a una sede comunitaria ubicada en Castilla 855 Población Monteverde Temuco, y en asesoría de nuestra Directora Técnica Srta. Lidia Castillo y el equipo de profesionales y voluntarios, se realizan Jornadas, Talleres, Seminarios con gran asistencia de público, tanto familiar, estudiantes de diferentes universidades y la comunidad en general. Además, se fomenta la recreación con paseos dentro y fuera de la ciudad, y por supuesto "convivencias" para hacer más grato el ambiente.

Desde aquí en adelante, la agrupación cada vez más grande se hace conocida en la ciudad y la región, marcando un precedente de rehabilitación transdisciplinar, con un equipo fuerte de voluntarios.

Durante el año 2015, se logra un fondo, a partir de un proyecto presentado en la Universidad Santo Tomás de Temuco, bajo la coordinación de la Sra. Lidia Castillo. Con este proyecto se adquiere material de rehabilitación, formación y capacitación en diferentes temas como derechos de salud, servicio nacional de la discapacidad, entre otros. Existe apoyo de estudiantes, quienes realizan su práctica profesional en Psicología y Trabajo Social, ellos impulsan el trabajo comunitario y colaboran arduamente en el bienestar de las personas de la agrupación y sus familiares, bajo la supervisión de la Psicóloga Fabiola Haro. Este financiamiento permite la incorporación de servicio de transporte para el traslado de las personas con mayor limitación física y de menor recurso económico, para que así puedan llevar a cabo su rehabilitación.

En el año 2016 la Sra. Lidia Castillo se trasladó a España Barcelona a perfeccionarse, y la agrupación continúa creciendo y siendo asesorada por diferentes Universidades, se suma también la Ilustre Municipalidad de Temuco, y en el mes de julio del año

2017 regresa el Sr Exequiel Guevara quien se le entrega el cargo de la Dirección Técnica de la Agrupación, con el liderazgo del Presidente Sr. Wilhelm Isenberg.

A principios del año 2017 nos ofrecen una sede comunitaria para realizar las reuniones y rehabilitación de los usuarios de la agrupación. El lugar, recién inaugurado, se denominada "Club Curiñanco 40". En esta nueva sede, se cuenta con el transporte de los usuarios, con un financiamiento de subvención otorgado por la Ilustre Municipalidad de Temuco junto con diferentes talleres recreativos, que se renueva anualmente, y que permite continuar con nuestra tarea de servicio a la comunidad.

Este año 2018, nos hemos comprometido con la Universidad Autónoma de Chile con las carreras de Kinesiología, Fonoaudiología y Terapia Ocupacional.

Queremos mencionar también, a los voluntarios que nos han acompañado a lo largo de nuestra historia, a ellos les debemos muchos de nuestros avances, su dedicación y el cariño nos han entregado constantemente, un especial saludo a ellos:

- Carolina Ulloa Santisteban, Valeria Luengo Sepúlveda, María José Luengo Sepúlveda, Hernán Soto Cerda, Antonella Cifuentes Luna, Leonardo Toloza Torres, Celiria Arellano Silva, Rocío Maturana Ahumada, Paula Lantaño Valenzuela, Pamela Guevara Delgado, Fabiola Rodríguez, Jacob Oliva Mora, Paloma Crisóstomo Gallegos, Pamela Saldias, Loreto Fuentealba, Álvaro Guerrero, Paula Curihual Aburto, Rayen Millapi, Natalia Rañileo, Verónica Godoy, Anita Bravo, Eduardo Fuentealba, Katherine Munizaga, Katherine Burgos, Diego Kehr, Fabián Mercado, Camila Córdova, Javier Hurtado Oliva, Paola Aguayo, Pola, Daniela Ortiz, Romina Díaz, Sebastián Díaz Castro, Roxana López, María Teresa Pardo y Julio Guzmán.

Eliana Reyes Alarcón

Eliana Reyes Alarcón, 70 años pertenezco a la Agrupación de Parkinson Temuco desde al año 2013, pero en el año 2012 fue cuando me diagnosticaron con Parkinson.

Los primeros síntomas fueron en mis brazos, los sentía siempre pesados. Llevaba mucho tiempo sin mejorar y decidí ir al médico. Después de varios exámenes el diagnóstico fue PARKINSON, desde ese momento toda mi vida dio un giro, todo cambio. La empresa en la cual trabajaba al mismo tiempo que me diagnosticaban con Parkinson se declaraba en quiebra, debido a la buena relación con los empleadores estos me tramitaron mi jubilación por invalidez, al final no todas las noticias fueron malas.

Debo dar las gracias a mi amiga que me insistió en que la acompañara a la agrupación, iba con temor por ver gente con la misma enfermedad, sin saber en qué condiciones estarían ellos y si verlos me haría peor, una vez en el lugar me sentí temerosa pero el recibimiento y el cariño que me entregaron hicieron que mis miedos desaparecían y me sentí muy a gusto. Desde entonces soy socia de la AGRUPACION DE PERSONAS CON ENFERMEDAD DE PARKINSON, FAMILIARES Y AMIGOS. Lugar donde comparto mi experiencia y escucho la de los demás, aprendo día a día de mi enfermedad, y a través de las diferentes actividades terapéuticas y recreacionales he sabido sobrellenar esta enfermedad.

También, agradecer a las voluntarias que nos entregan tanto cariño y dedicación gracias a su espíritu de ayuda, sin ellas muchos de nosotros no podríamos asistir a las actividades o comer cosas ricas, ellas son parte fundamental de nuestra gran familia llamada Agrupación de Parkinson Temuco.

Inés López Henríquez

Soy Inés López Henríquez, tengo 79 años.

Desde hace varios años padezco la enfermedad de Parkinson. No ha sido nada fácil compartir con esta enfermedad, ya que gracias a ella tengo días variados. Días en los que puedo hacer muchas cosas y días en los que no me puedo levantar de mi cama, por lo avanzado que esta. Paso más tiempo en casa sin poder salir y si logro salir siempre debe ser acompañada, ya que gracias a ella camino a paso lento y me da vértigo.

Es por esta razón que me incorporé a la Agrupación de personas con la enfermedad de Parkinson familiares y amigos de Temuco, para mi representa parte fundamental y muy valiosa toda la ayuda que presta, a través de terapias de rehabilitación multidisciplinarias en áreas de kinesiología, fonoaudiología, psicología y terapia ocupacional, entre otras actividades, ya que son sin costo alguno.

Agradecer la gran oportunidad que tengo de ser participante activo, y a la gran labor que voluntarios y profesionales realizan, ya que dan su tiempo y amor, respeto para cada uno de nosotros y hacen que olvidemos por algunas horas que tenemos Parkinson. Hacen que la esta enfermedad sea más llevadera.

Raquel Tiznado Rozas

Mi nombre es Raquel Tiznado Rozas, tengo 53 años y vivo en Lebu, zona costera al sur de la ciudad de Concepción en Chile.

En el año 2014 fui de visita a casa de mi amiga Roxana, quien me invitó a la agrupación donde ella es voluntaria. Me recibieron con los brazos abiertos. Para mí fue una linda experiencia. Ahí aprendí muchas cosas de los socios y los fui conociendo cada vez que asistía. Me di cuenta de sus dolencias y de lo bien que ellos lo pasaban en comunión, todos juntos. Me tuve que volver a mi hogar y al año siguiente volví a viajar a Temuco, y nuevamente me integré a la agrupación, esta vez al estar ahí me sentí una más de ellos. Fue reconfortante compartir otra vez con cada uno de ellos. Debo decir que me sirvió de terapia, ya que varias de las socias se parecían mucho a mi madre, a la que había perdido hacia poco tiempo, todos hicieron de mi estadía un agrado. Cada vez que voy disfruto ver como hacen sus actividades y ejercicios, a los cuales me integran para realizarlos con ellos. Me gusta mucho cuando están con el Profesor de música y escuchar esas lindas tonada folclóricas de nuestro país y del resto de las actividades. Me gustaría que hubiese más agrupaciones a lo largo de todo Chile, para que la gente con esta enfermedad pueda contar su experiencia e incluir a los que no la tenemos, pero si tenemos otra discapacidad, sé que sus vidas cambiarían, así como cambio la mía. Es muy grato ver a los socios cada vez con más ganas de asistir y disfrutar de cada actividad. En mi última visita, fue un agrado ver como bailan tango o realizaban telares, son momentos que llevaré grabados en mi caja fuerte llamada corazón. Tantas vivencias compartidas con ellos, es lo mejor que he vivido, son muy lindas personas, un ejemplo para muchos. Puedo decir con orgullo, que son el mejor grupo que he conocido, sin dejar a fuera a los voluntarios que los asisten en cada momento y los hacen sentir bien. Los felicito por el trabajo tan lindo que hacen.

Eduviges Gutiérrez Carrillo

Soy Eduviges Gutiérrez Carrillo, tengo 64 años y hace 8 años padezco Parkinson, creo que como a todos los que nos diagnostican con esta enfermedad no es fácil asimilarlo, ni entender bien de que se trata. Sólo vemos y sentimos que nuestro cuerpo y carácter cambia día a día, que nuestro cuerpo deja de ser hábil y activo, se va poniendo flojo sin ganas de hacer ejercicios, nuestras manos se tornan torpes, todo lo que queremos y pensamos hacer sólo se queda en nuestra mente ya que nuestro cuerpo se queda inmóvil. En el año 2013 conozco la Agrupación de Parkinson y me integro en ella y en todas sus actividades, que jóvenes voluntarios realizan para que esta enfermedad no avance tan rápidamente y tenga una evolución más lenta.

Antes de entrar a la agrupación no podía bailar y hacer ejercicios, pero desde que participo activamente de las diferentes actividades he vuelto a bailar tango y folclore, hacer manualidades, tejido, pintura acrílica, y lo que más me gusta es hacer telares, los que me ha servido para recibir un ingreso económico que me mantiene independiente. También he comenzado a jugar Bochas con nuestro grupo y nos preparamos para participar en los diferentes torneos que se realizan en la ciudad de Temuco–Chile. Estar en la agrupación me permite socializar y conocer más de la enfermedad, entender a los amigos que posee su enfermedad más avanzada y no tenerles miedo. El apoyo de mi familia ha sido fundamental en esta enfermedad y les agradezco toda la paciencia y cariños que me dan. También agradezco a la Agrupación por tenernos activos a través de todas sus actividades, que hacen que nos olvidemos un poco de todo lo que conlleva ser un Enfermo de Parkinson.

Elena Valdebenito

Soy Elena Valdebenito, tengo 62 años y desde hace 1 año y medio me diagnosticaron PARKINSON.

Después de mucho tiempo de ir y venir de médico en médico, me diagnosticaron con enfermedad de Parkinson. Mi primera reacción, fue dejar la vida pasar, pero luego pensé que siempre he sido una guerra, no he tenido una vida fácil, por lo tanto, decidí luchar con todo para retardar los efectos de este enemigo llamado Parkinson.

He buscado ayuda y de tanto buscar encontré esta agrupación en Temuco, consulté la posibilidad de asistir y me invitaron amablemente.

Decidí que esta enfermedad no me ganaría por lo que comencé a concurrir a la Agrupación de Parkinson Temuco, y puedo decir que mi vida cambió. Ahora tengo mucha gente que padece lo mismo que Yo y luchamos juntos por retrasar lo más que se pueda los estragos que causa esta enfermedad en nuestras vidas.

Debo destacar a las personas encargadas de guiar esta agrupación, ellos son fundamentales, ya que se encargan en que la agrupación pueda funcionar, nos buscan voluntarios y profesionales para que nos ayuden a entender, conocer y educarnos en lo que significa tener Parkinson.

Agradezco la oportunidad de pertenecer a esta bella agrupación y a cada uno de sus integrantes, encontré otra familia con la cual aprendo día a día como tratar el Parkinson y seguir vitales por más tiempo, gracias a Dios por poder participar en ella y gracias a mi familia por su apoyo, paciencia y amor para enfrentar a mi enemigo que ahora será mi eterno compañero.

Wilhelm Isenberg

Nuestro grupo de Parkinson tiene sus inicios hace a próximamente 10 años. Por aquel entonces, yo ni sabía lo que era Parkinson y mi voz tenía la fuerza comparada al gruñido de un león.

Hace 6 años me diagnosticaron con Parkinson y descubrí a este grupo, donde fui muy bien acogido. Cuando me integré al grupo, ya el Parkinson me había robado la voz, el león ya no sabía rugir.

En la agrupación, aprendemos el uno del otro como vivir con Parkinson y nos damos animo mutuamente. Al comienzo, se realizaron solamente sesiones de kinesiología, y poco a poco se fueron agregando sesiones de fonoaudiología, terapia ocupacional y psicología. Nos reunimos tres veces a la semana, cada semana.

Por mi parte, las sesiones me ayudaron a recuperar la voz, el león puede rugir nuevamente. En nuestras reuniones, no solamente hacemos ejercicios, si no también practicamos la conveniencia.

Cuando el grupo comenzó fuimos dirigidos por los profesionales voluntarios y ellos eran las locomotoras de nuestro pequeño tren; Lidia, Patricia y Exequiel. Ahora nosotros mismos, los enfermos de Parkinson, definimos donde queremos ir. Somos auto-dirigidos, si con la guía y ayuda de nuestros voluntarios y profesionales.

El tren de Parkinson Temuco, ahora tiene muchas locomotoras: los afectados, los familiares, los amigos, los profesionales, los voluntarios…

Estamos eternamente agradecidos por la ayuda y el empujón que estas locomotoras nos han prestado.

Rubén Coronado

Mi nombre es Rubén Coronado, tengo 62 años y desde hace 6 años padezco de Parkinson.

Comencé con los síntomas de arrastrar los pies y caminar lento, y eso me llevo a consultar al médico sobre los síntomas que tenía.

Hubo 3 profesionales que me diagnosticaron sospechas de Parkinson y luego de eso me derivaron al Hospital de la ciudad de Temuco con un neurólogo (Dr. Yakaman) el cual me realizó un tratamiento que consistía en pastillas. Tuve una contraindicación en el tratamiento, comencé con crisis de pánico en las noches, me faltaba el aire, gritaba y no podía dormir, fueron días en los que no entendía nada, solo tenía miedo. Esto me llevo a realizar una consulta con una doctora, la cual me recomendó un especialista en Parkinson (Dr. Roberto Watkins) y gracias a ese profesional comencé a sentirme mejor, ya que me bajo las dosis de los medicamentos y pude entender realmente que es lo que tengo, los temblores, caminar lento y arrastrar los pies.

Hace 3 años que pertenezco a la agrupación de Parkinson, lo cual me ayudado a entender y comprender poco a poco de que se trata mi enfermedad. En ella realizamos diferentes tipos de terapias como físicas y de entretención. Gracias a este grupo me he sentido muy bien. Los considero como una familia, nos preocupamos entre todos y somos muy unidos.

Estoy muy agradecido de la directiva, voluntarios y universitarios que cumplen un rol fundamental en nuestra terapia.

Dulia castro Alarcón

Mi nombre es Dulia Edith Castro Alarcón, tengo 72 años. Soy miembro de la Agrupación de personas con la enfermedad de Parkinson familiares y amigos.

Hace 18 años llego a mi vida un amigo, llegó para quedarse, todos lo conocen como Parkinson, pero lo llamaremos amigo P. Cuando lo invité, no lo recuerdo, puede que él llegara cuando trabajé 36 años en el laboratorio de anatomía patológica, como técnico de laboratorio, donde existían sustancias toxicas que había en esos años, no está comprobado científicamente que algunos de esas sustancias fueran quienes ayudaron, pero tampoco está descartado.

En el año 2000 llego a mi vida la Enfermedad de Parkinson, el doctor no fue muy sutil en decir lo que tenía. Ese día fue uno de los más tristes que recuerde, fue el día que más lloré. Llore tanto que sólo Dios pudo consolarme.

Mi amigo P. se empezó a ser más notorio en el año 2012, haciendo que me callera a cada momento, perdiendo el equilibrio. Tantas fueron las caídas, que tuve que adoptar una silla de ruedas para poder desplazarme y hacer de mi vida, una vida casi "Normal".

En el 2013 mi amigo P, se apodera plenamente de mi cuerpo, me sale con cada sorpresa, que no resistí tanta presión y detonó una depresión, de esas que sólo se logra salir con ayuda. También, darme cuenta que me llegó el OFF-ON. Esto es muy duro, porque significa que estoy pasando más de la mitad de la enfermedad o comenzando la etapa final, según la ciencia o estudios. Espero que no sea este último el caso, ya que no me gustaría para nada estar postrada. Para nadie es atractiva esta enfermedad.

El Parkinson es una enfermedad muy cruel, porque pierdes todas tus energías. En mi caso particular, les puedo decir que me ha dejado varias veces en el suelo sin poder moverme, parándome sólo con la ayuda de otra persona. Lo malo de este amigo ingrato, es que también afecta a mi familia cercana, poco a poco te vas haciendo dependiente de los que están a tu lado.

Hay que vivir los hechos para darse cuenta cómo te vas perdiendo como persona. El cansancio te suplica y dice hasta aquí llega mi lucha, pero hay fuerzas superiores que te empujan a seguir hacia adelante y a los medicamentos que me hacen caminar como pingüino sin ofender a los pingüinos.

En el año 2013 se conformó la agrupación y empecé a participar de todas sus actividades, estando en la agrupación me ha ayudado a sobrellevar las infinitas novedades de la enfermedad.

El amigo P. ha progresado mucho este año, se ha apoderado de mi rigidez lumbar, cada día se hace más notorio y está curvando mi columna es por eso que le digo y recomiendo a mis pares que también tiene un amigo P. que no dejen de ejercitarse.

Yo aprovecho cada actividad que organiza la agrupación, aquí tengo una familia, que nos une en esta enfermedad, pero también, nos unen las ganas de que nuestro amigo P. no siga avanzando tan rápidamente, y eso se lo debemos a todas las personas que hacen posible que esta agrupación siga adelante con cada una de sus actividades, terapia y actividades recreacionales. Sin ellas nuestro amigo P. estaría ya apoderado por completo de todo nuestro cuerpo y por qué no de nuestra mente.

Miguel Clavería Catalán

Mi nombre es Miguel Clavería. En el año 2000 fui diagnosticado con la enfermedad Parkinson, pero esta enfermedad comenzó muchos años antes. Escondí los primeros síntomas por casi 10 años, sin saber con certeza que me hacía temblar. Había, sin duda, otras gratas cosas que también me hacían temblar... Sin embargo, intuía que algo serio afectaba mi salud y seguía eludiendo, escondiendo mi presente, y así continué durante casi 19 años.

Mi ignorancia sobre el Párkinson era inmensa, nada sabía de sus efectos y aún sigo siendo ignorante... El día del diagnóstico pregunté.... ¿receta por un mes, doctor? En ese momento aparecen sentimientos de culpabilidad ¿Qué hice yo para merecer este castigo?, ¿por qué a Mí? Estamos a la defensiva y no aceptamos explicación alguna, siempre buscamos culpables ajenos.

Con el pasar de los días cambia mi visión y postura frente a la enfermedad y cambia la pregunta ¿Para qué a mí? Abrir mi mente es lo que me lleva a entender mi enfermedad. Yo Miguel Clavería cultivo la duda metódica. La dudad filosófica tratando de seguir el principio socrático.: "conocerte a ti mismo" ... eso me ayuda a ser pro- positivo, a reconocer todo lo bueno que está a mi alrededor y a ser agradecido.

La Enfermedad de Parkinson, es una mochila pesada que te enseña a cultivar la paciencia en todo instante y en toda situación. Cuando demoro en pelar un huevo cocido y frutas, las cuales dejo todas mordidas, picoteadas, impresentables en la mesa. En esos momentos en donde la paciencia debe ser tu principal virtud y también la de tu familia.

Para mí una ducha no es como la que todos acostumbran a darse, en donde te metes solo a la tina y te puedes poner shampoo y enjabonarte. Yo debo abrazarme al caño y no precisamente para bailar ... y si no, más bien para no caerme. Que decir para vestirme, lo hago lento, demoro y quedo mal vestido.

Mientras la ciencia médica investiga, estudia, experimenta para encontrar el REMEDIO que vaya a curar la enfermedad de Parkinson, los pacientes con EP debemos tener paciencia y pasar nuestros días en actividades, que gracias a la Agrupación de personas con la enfermedad de Parkinson familiares y amigos hacen que esta mochila ya no sea tan pesada, hace de nuestros días más a menos, y menos tormentosos. Cada actividad realizada por voluntarios y especialistas en las diferentes terapias nos recuerda que hay algo porque y para quien vivir.

www.ingramcontent.com/pod-product-compliance
Lightning Source LLC
Chambersburg PA
CBHW060350290526
45791CB00004B/1621